高等学校“十四五”医学规划新形

（药学类系列）

相关专业使用

虚拟仿真基础化学实验

主编　赵　明　杨一帆

中国教育出版传媒集团
高等教育出版社 · 北京

内容提要

本书为首都医科大学药学院赵明教授等编写的虚拟仿真基础化学实验教材。全书的编写依托首都医科大学虚拟仿真实验教学项目共享平台，提供了化学实验室安全系列虚拟仿真实验、基础化学实验标准化操作和仪器标准化使用虚拟仿真实验，使学生掌握化学实验室安全知识，培养基本实验技能。本书还将 35 个虚拟仿真实验操作环节的动态网页制作为数字化资源，以二维码形式呈现，方便学生学习。

本书可供高等学校化学、化工、生命科学、医学、药学等专业学生使用，也可供相关专业技术人员参考。

图书在版编目（CIP）数据

虚拟仿真基础化学实验 / 赵明，杨一帆主编．北京 ：高等教育出版社，2025. 9. -- ISBN 978-7-04-063878-3

Ⅰ. O6-3

中国国家版本馆CIP数据核字第2025Y0V597号

XUNI FANGZHEN JICHU HUAXUE SHIYAN

策划编辑 沈晚晴　　责任编辑 沈晚晴　　封面设计 张志奇
版式设计 曹鑫怡　　责任绘图 马天驰　　责任校对 刘丽娴
责任印制 高　峰

出版发行	高等教育出版社	网　　址	http://www.hep.edu.cn
社　　址	北京市西城区德外大街 4 号		http://www.hep.com.cn
邮政编码	100120	网上订购	http://www.hepmall.com.cn
印　　刷	北京新华印刷有限公司		http://www.hepmall.com
开　　本	880mm × 1230mm　1/32		http://www.hepmall.cn
印　　张	2.375		
字　　数	65千字	版　　次	2025 年 9 月第 1 版
购书热线	010-58581118	印　　次	2025 年 9 月第 1 次印刷
咨询电话	400-810-0598	定　　价	15.00元

物 料 号　63878-00

前言

化学是一门具有实验操作性质的学科，在药学专业知识学习中，化学是重要的基础，有机化学、无机化学、分析化学和物理化学都是药学专业的必修课程。基础化学实验作为学生进入大学所接触到的第一门化学实验课，具有启蒙作用，要使学生形成科学态度和科学方法，养成良好的科学研究习惯，培养基本实验技能。由于受到学时、实验教学空间限制等问题，实验室安全培训、基础化学实验标准化操作等内容无法在有限的教学资源内完成。鉴于此，依托首都医科大学药学国家级实验教学示范中心和虚拟仿真实验教学项目共享平台，本书提供了实验室安全系列虚拟仿真实验、基础化学实验标准化操作和仪器标准化使用虚拟仿真实验。

首都医科大学“药学安全实验教学虚拟仿真项目”于2017年获批国家虚拟仿真实验教学项目，并于2020年入选首批国家级一流本科课程。虚拟仿真实验弥补了无法开展真实实验的不足，完善了实验教学方法和体系，用三维动画对实验场景高度仿真，具有沉浸性、交互性和构想性，使学生沉浸其中，形成教与学的交互效果和多维化，极大地提高了学生的实验兴趣和技能。本书还将35个虚拟仿真实验操作环节的动态网页制作为数字化资源，以二维码形式呈现，方便学生学习。

参加本书编写的有赵明、杨一帆、王玉记、张筱宜、冯琦琦。本书的编写得到了首都医科大学药学院和高等教育出版社的大力支持，在此一并表示感谢。

由于水平所限，书中难免还会有不足之处，敬请读者批评指正。

赵　明

2024年4月

目录

虚拟仿真实验系统操作说明

一、预习系统

预习系统类似于实验教材，有实验目的、原理、操作步骤、注意事项等。实验前先预习，学生考核合格后方可进行实验。仿真平台全天向学生开放，在规定的时限内，学生登录虚拟仿真实验平台（见图 0-1）进入“预习系统”预习实验（见图 0-2），完成预习考核（见图 0-3），预习考核设置 5 道选择题，系统会随机从预先导入的和实验相关的题库中抽取，学生提交后，系统会自动判卷（见图 0-4），给出对错，学生没有全部答对需要继续考核，直到全部答对。

图 0-1　学生登录虚拟仿真实验平台

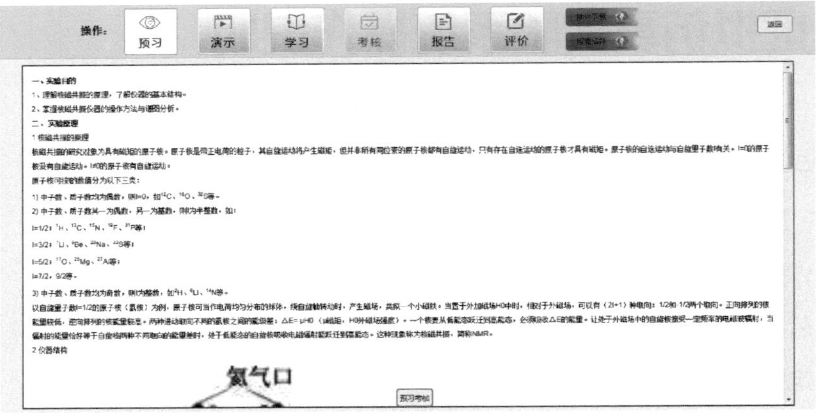

图 0-2　预习系统

图 0-3　系统中随机抽取的试题

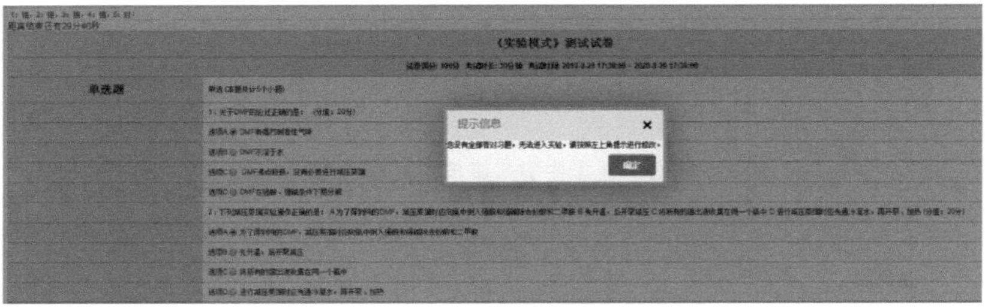

图 0-4　系统自动判卷

二、演示系统

演示系统提供实验全过程规范操作的录像（见图0-5），便于学生快速地从整体上了解、学习实验内容。演示是实验操作的录屏，视频可以快进，方便学生对某一操作的快速学习，避免已掌握的内容重复学习。

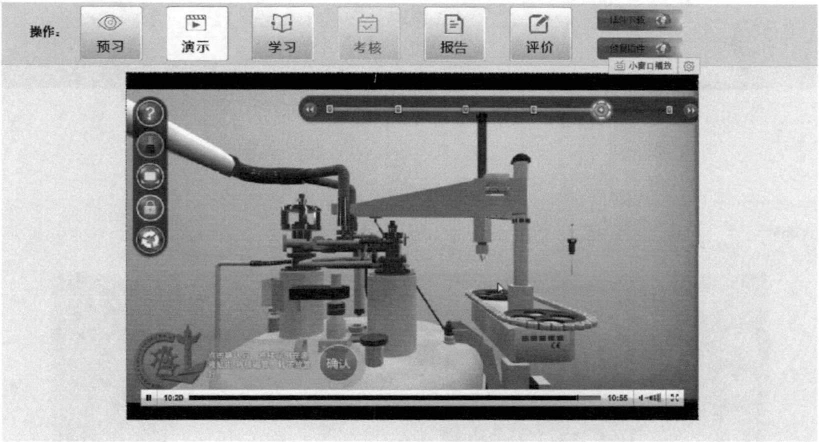

图 0-5　演示视频

三、学习系统

学习系统配合人物动画，真实模拟实验场景，通过文字、声音和高亮等提示帮助（见图0-6，图0-7），一步一步指导学生学习完成整个实验。

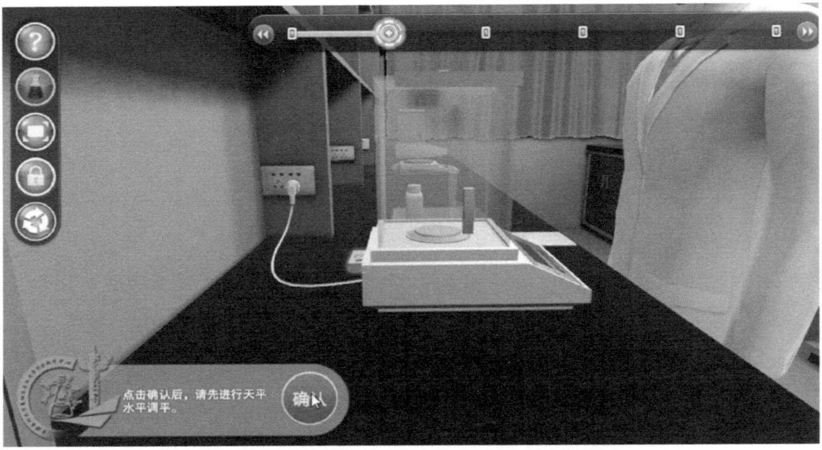

图 0-6　学习系统文字提示

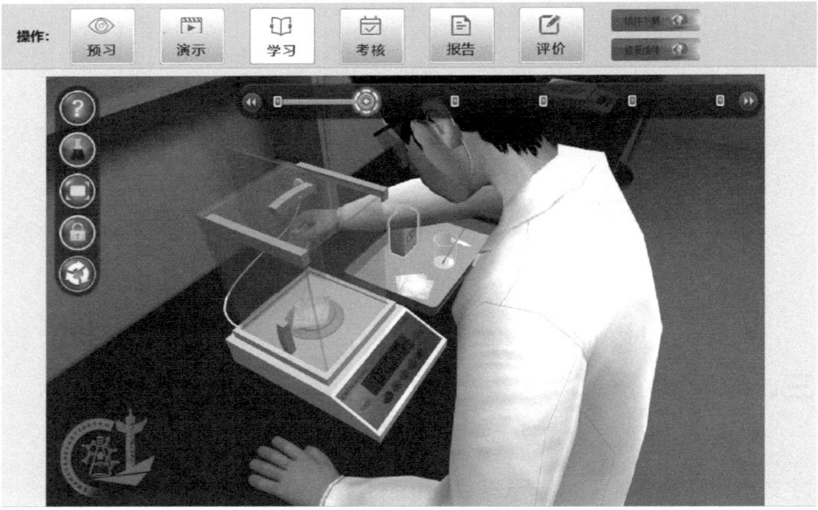

图 0-7　学习系统高亮提示

四、考核系统

考核系统没有语音、高亮、文字提示(见图 0-8),需要学生通过之前的学习,记住实验操作。如果忘记具体操作步骤,可以点击提示按钮,会得到下一步的操作提示,同时也会在最后的得分中扣除 2 分(见图 0-9),考核结束后系统自动给出分数,分数相同的会根据考核时间给出排名(见图 0-10)。

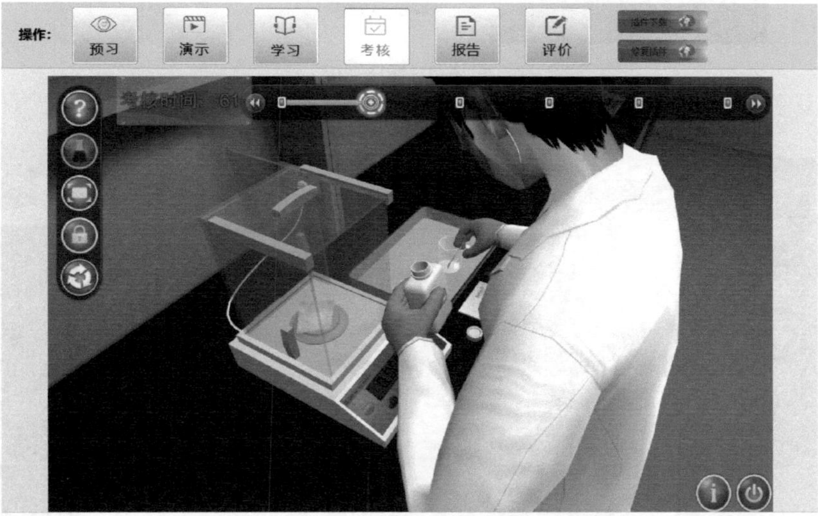

图 0-8　考核系统

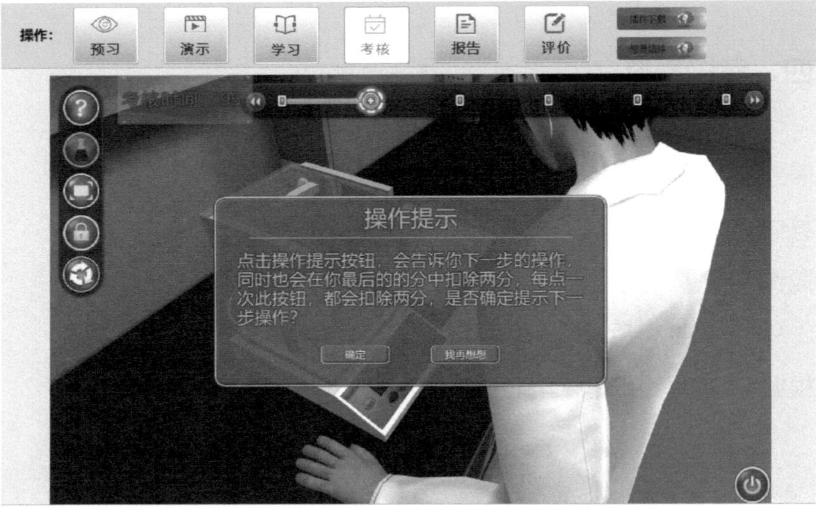

图 0-9　操作提示

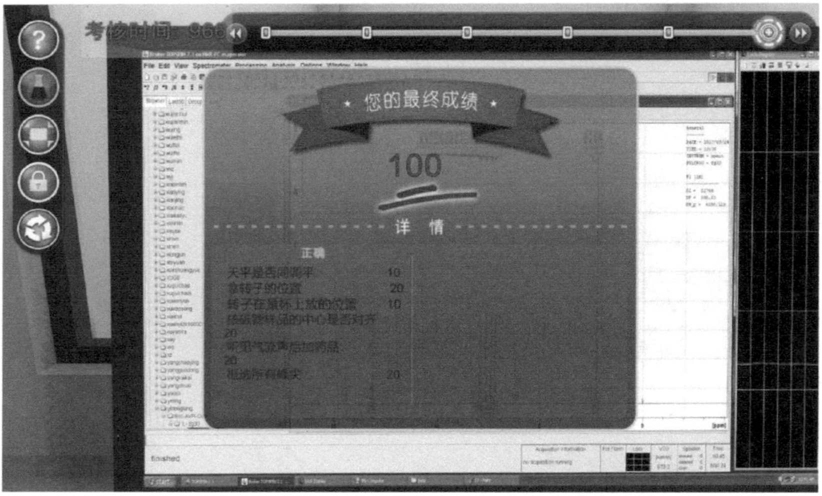

图 0-10　考核分数及排名

五、报告系统

考核完成后，需在报告系统撰写实验报告，包括实验目的、实验原理、实验数据处理和结果、实验结论，以及对该实验的建议（见图 0-11）。系统会自动查重，避免学生实验报告内容重复。

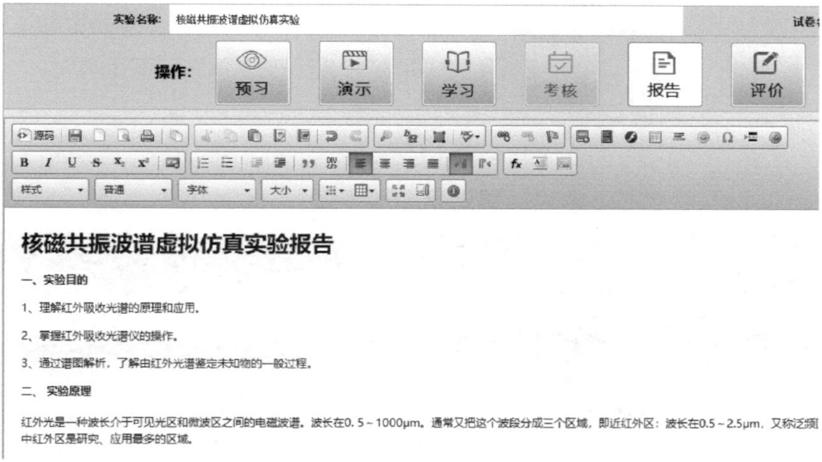

图 0-11　报告系统

六、评价系统

实验完成后需在线评价项目（见图 0-12），教师可以对学生的评价进行回复（见图 0-13），学生只有对实验进行评价后才能查阅成绩（见图 0-14）。

图 0-12　评价系统

图 0-13　教师对学生的评价进行回复

图 0-14　查阅成绩

实验 1

化学实验室安全系列虚拟仿真实验

一、实验预习

1. 实验目的

掌握化学实验室安全注意事项及实验前防护准备，实验室火灾逃生及安全灭火操作，钢瓶、高压蒸汽灭菌锅及生物安全柜的正确使用，以及发生实验室安全事故（腐蚀性试剂、有机物中毒、无机物中毒）后的应急处理操作，学习实验室垃圾分类方法，规范实验室的安全管理。

2. 实验原理

在化学实验室中，存在各种危险化学品，许多化学实验需要使用高温、高压、高真空等条件，化学实验过程中可能会产生有毒有害气体，意外事故如化学灼伤、有毒物吸入、火灾等在实验室也时有发生。通过实验室安全系列培训，学生能够正确使用灭火器，熟悉实验室的紧急疏散通道，保障自身生命安全；掌握仪器设备的正确操作方法；了解危险化学品的性质，掌握事故发生时紧急处理的方法。

3. 仪器和药品

（1）仪器

圆底烧瓶、旋转蒸发仪、真空泵、烧杯、灭火器、灭火毯、书包、水杯、钢瓶、高压蒸汽灭菌锅、生物安全柜、洗眼器。

（2）药品

磷酸氢钠、醋酸、甲醇、高锰酸钾、有机磷、硫酸铜、1∶1 乙醚 / 乙醇混合液等。

4. 实验内容

本实验中包括实验前准备、实验室安全灭火、火灾逃生、钢瓶的安全使用、高压蒸汽灭菌锅的安全使用、生物安全柜的安全使用、腐蚀性试剂的应急处理、有机物中毒的应急处理、无机物中毒的应急处理、实验室垃圾分类 10 个小实验。

二、预习考核

单选（本题共计 5 个小题）

1. 皮肤接触活泼金属（如钾、钠），可用大量水冲洗。（　　）

A. 正确　　　　B. 错误

2. 实验室发现可燃气体泄漏，要迅速切断电源，打开门窗。（　　）

A. 正确　　　　B. 错误

3. 发生危险化学品事故后，应该向上风方向疏散。(　　)

A. 正确　　　　B. 错误

4. 眼部被碱灼伤时，应立即用大量清水或生理盐水进行彻底冲洗，冲洗时必须将上下眼睑拉开，水不要流经未伤的眼睛，不可直接冲击眼球，然后可用 2%~3% 硼酸溶液进一步冲洗。(　　)

A. 正确　　　　B. 错误

5. 金属钠、钾可以存放在水中，以避免和空气接触。(　　)

A. 正确　　　　B. 错误

三、操作步骤

1. 实验前准备

实验前准备

(1) 选择人物形象。选择人物形象并进入实验后，形象不可更改。

(2) 选择实验员进入实验前的着装。每个实验员有多处着装错误，点击错误的着装后，错误内容被圈出。

(3) 从物品栏中选择可以带入实验室的物品，点击物品后，被选择物品在屏幕下方背包栏中显示。首次点击计入分值，再次点击不可取消。

（4）进入实验室的防护用品穿戴流程（图 1-1）。

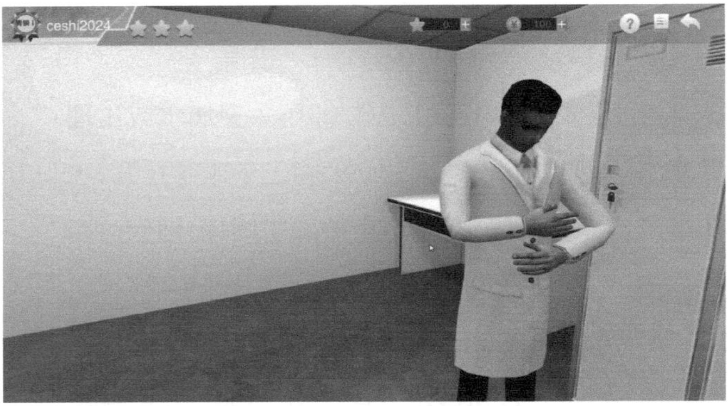

图 1-1 防护用品穿戴

（5）实验结束，显示实验成绩（图 1-2），点击实验结束，退出目前实验界面，返回到实验选择界面。

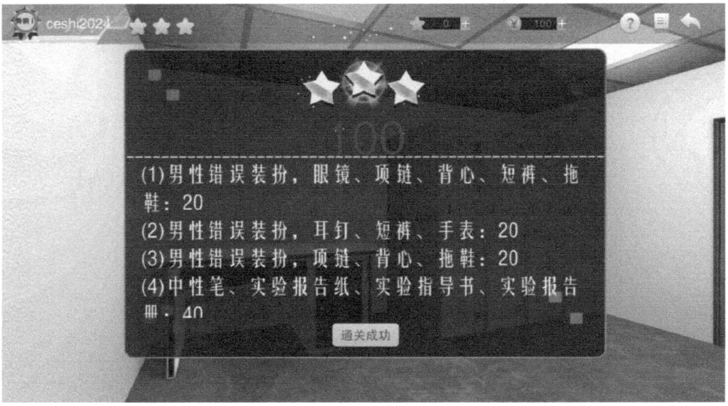

图 1-2 实验成绩

2. 实验室安全灭火

（1）在实验项目界面上选择实验室安全灭火实验。

（2）进入实验开始界面后，首先进行灭火毯及灭火器的使用图文及视频学习（图 1-3），双击视频图片，即可打开视频进行学习；双击视频界面，实验信息及功能按钮收起，再次双击视频界面，实验信息及功能按钮重新显示；点击视频界面，视频暂停播放，再次点击视频播放按钮，视频恢复播放。

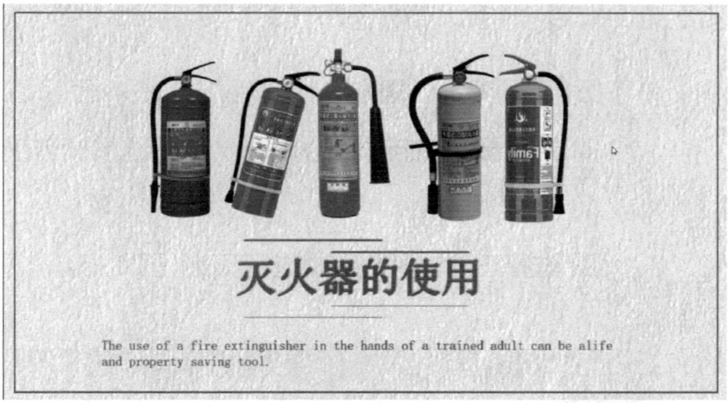

图 1-3　灭火器的使用

（3）进入实验后，根据不同物质着火选择相应实验模块；完成本实验所有实验模块方可得到实验成绩。

（4）易燃物质着火处理方法：

1）手指按住物品，在屏幕上滑动将物品拖拽至指定位置。

易燃物质着火
应急处理

2）从物品栏中选择合适的灭火器材进行灭火（图 1-4）。

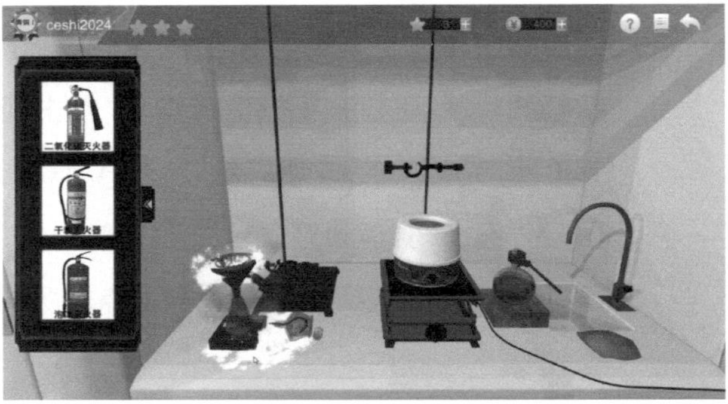

图 1-4　灭火器选择

电器着火
应急处理

（5）电器着火处理方法：

1）通风橱中的电器着火，需要拉下通风橱玻璃挡板。

2）选择正确的灭火器材进行灭火（图 1-5）。

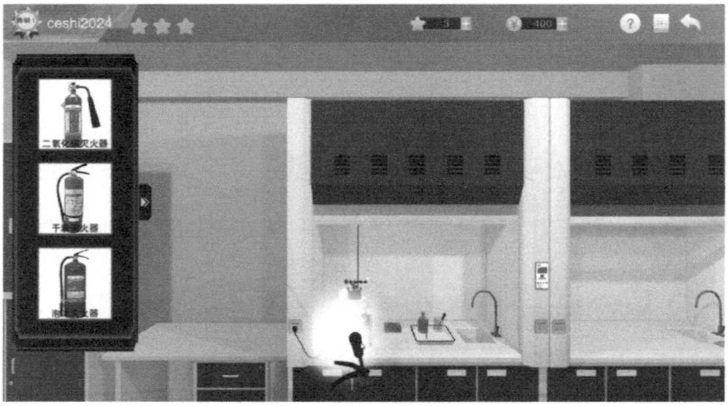

图 1-5　灭火器灭火

（6）强酸性物质着火处理方法：选择正确的灭火器材进行灭火（图 1-6）。

强酸性物质着火应急处理

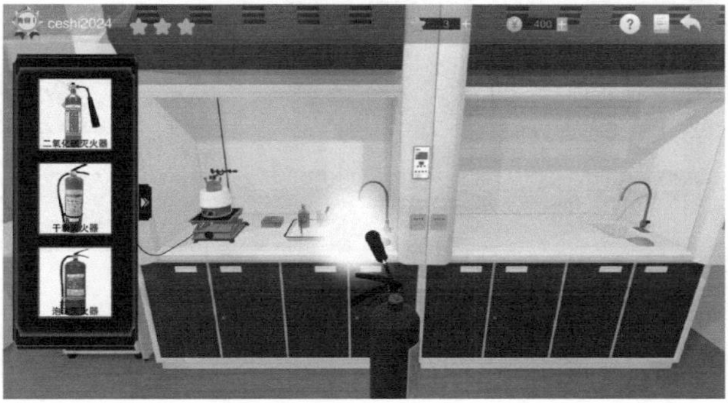

图 1-6　强酸性物质灭火

（7）强氧化性物质着火处理方法：选择正确的灭火器材进行灭火。

强氧化性物质着火应急处理

（8）低温性物质着火处理方法：选择正确的灭火器材进行灭火（图 1-7）。

低温性物质着火应急处理

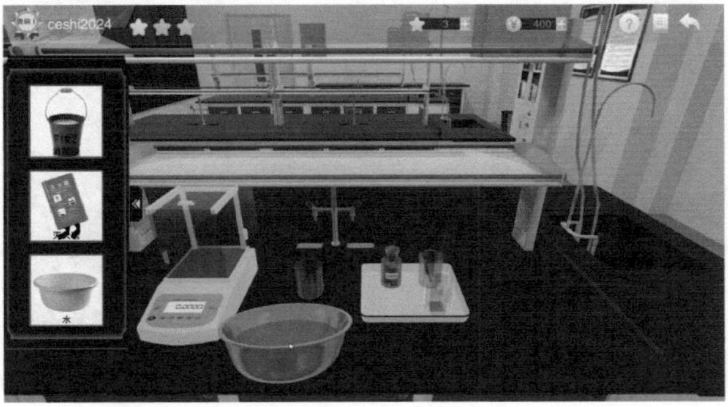

图 1-7　低温性物质着火

（9）自燃性物质着火处理方法：选择正确的灭火器材进行灭火（图 1-8）。

自燃性物质着火应急处理

图 1-8　自燃性物质着火

（10）实验结束，显示实验成绩，点击实验结束，退出实验界面。

3. 火灾逃生

火灾逃生

（1）在实验项目界面上选择火灾逃生实验（图 1-9）。

图 1-9　实验项目选择

（2）进入实验，通过操纵摇杆查看疏散图(图 1-10)；左侧摇杆控制移动，右侧摇杆转换视角。

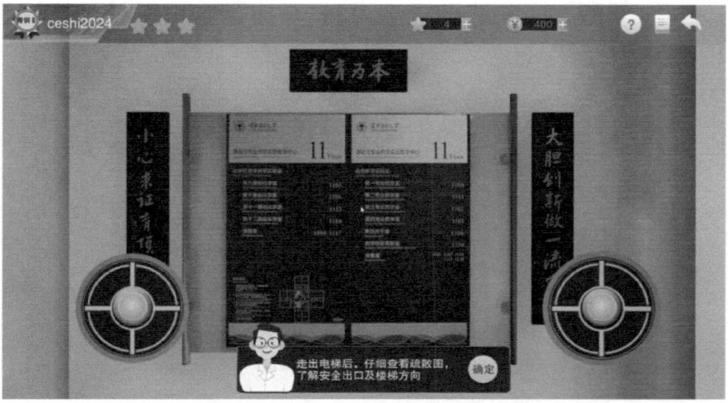

图 1-10　疏散图

(3) 根据地标提示，行走至暂存柜前，存储不能带入实验室的物品。

(4) 从左侧物品栏中，按顺序穿戴防护用品。

(5) 根据地标提示行走至实验台前方，实验室着火，逃离实验室。

(6) 用湿毛巾捂住口鼻(图 1-11)。

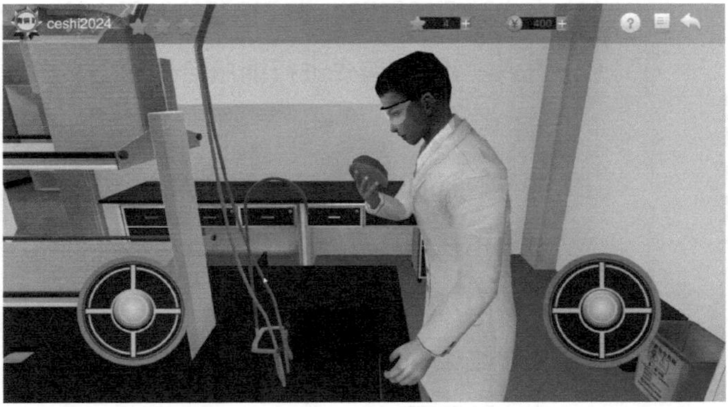

图 1-11　用湿毛巾捂住口鼻

（7）根据地标提示，行走至火警警报器处，拉响警报器。

（8）从楼梯逃生（图 1-12）。

图 1-12　逃生路线

（9）实验结束，显示实验成绩，点击实验结束，退出实验界面。

4. 钢瓶的安全使用

（1）在实验项目界面上选择钢瓶的使用实验。

（2）进入实验前，首先进行钢瓶结构的图文学习（图 1-13）。

钢瓶的安全使用

（3）进行钢瓶的使用实验操作，在特写窗口内，通过手指在屏幕规定范围内滑动，转动钢瓶压力阀门，观察钢瓶压力表。

（4）实验结束，显示实验成绩，点击实验结束，退出实验界面。

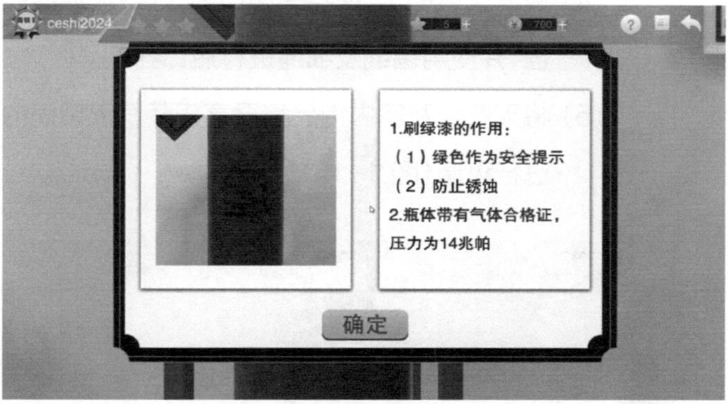

图 1-13　钢瓶的结构

5. 高压蒸汽灭菌锅的安全使用

(1) 在实验项目界面上选择高压蒸汽灭菌锅实验。

(2) 进入实验，进行高压蒸汽灭菌锅结构的图文学习（图 1-14）。

(3) 手指按在高压蒸汽灭菌锅的踏板上，向下滑动，进行实验操作。

高压蒸汽灭菌锅的安全使用

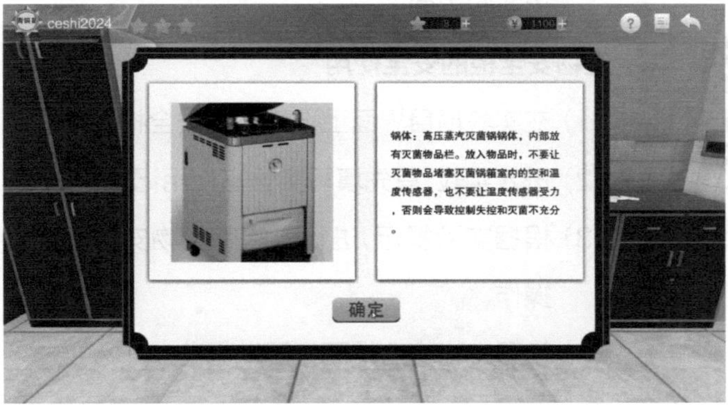

图 1-14　高压蒸汽灭菌锅的结构

(4) 根据实验提示，在特写窗口内，拧好玻璃瓶瓶盖，并使用锡纸及细绳进行瓶口封装。

(5) 将灭菌篮及篮内物品移至高压蒸汽灭菌锅内进行灭菌(图 1-15)。

图 1-15　放进高压蒸汽灭菌锅进行灭菌

(6) 根据需要灭菌物品种类，设置灭菌温度及灭菌时间。

(7) 实验结束，显示实验成绩，点击实验结束，退出实验界面。

生物安全柜的安全使用

6. 生物安全柜的安全使用

(1) 在实验项目界面上选择生物安全柜实验。

(2) 进入实验，首先填写实验室使用记录。

(3) 根据实验提示，进行实验前生物安全柜准备操作。

(4) 学习生物安全柜工作区域划分。

（5）根据实验提示，进行生物安全柜内的实验操作（图 1-16）。

图 1-16　生物安全柜内的实验操作

（6）实验结束，显示实验成绩，点击实验结束，退出实验界面。

7. 腐蚀性试剂的应急处理

（1）在实验项目界面上选择腐蚀性试剂的应急处理实验。

（2）进入实验后，根据不同受伤位置选择相应实验模块；完成所有实验模块方可得到实验成绩。

（3）皮肤灼伤应急处理：根据实验提示，摘去实验员手套并进行灼伤应急处理（图 1-17）。

（4）溅入眼睛应急处理：根据实验提示，进行腐蚀试剂溅入眼睛后的应急处理。

皮肤灼伤
应急处理

溅入眼睛
应急处理

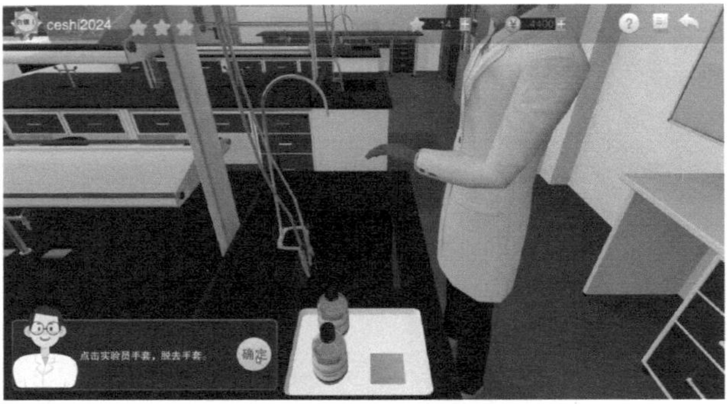

图 1-17　灼伤应急处理

(5) 呼吸道吸入应急处理：根据实验提示，进行吸入腐蚀试剂后的应急处理。

(6) 实验结束，显示实验成绩，点击实验结束，退出实验界面。

呼吸道吸入应急处理

8. 有机物中毒的应急处理

(1) 在实验项目界面上选择有机物中毒的应急处理实验。

甲醇中毒应急处理

(2) 甲醇中毒应急处理：甲醇中毒后，根据实验提示进行中毒后应急处理，并将患者转移至暗房中。

酚类化合物中毒应急处理

(3) 酚类化合物中毒应急处理：酚类化合物中毒后，根据实验提示进行中毒后的应急处理。

(4) 有机磷中毒应急处理：有机磷中毒后，根据实验提示进行中毒后的应急处理。

有机磷中毒应急处理

(5) 实验结束，显示实验成绩，点击实验结束，退出实验界面。

9. 无机物中毒的应急处理

（1）在实验项目界面上选择无机物中毒的应急处理实验。

（2）氨气中毒应急处理：氨气中毒后，根据实验提示进行中毒后的应急处理，并及时输氧。

（3）卤素气中毒应急处理：卤素气中毒后，根据实验提示进行中毒后的应急处理，并使用 1∶1 乙醚/乙醇的混合蒸气进行解毒。

（4）氰化钾中毒应急处理：氰化钾中毒后，根据实验提示进行中毒后的应急处理（图 1-18）。

氨气中毒
应急处理

卤素气中毒
应急处理

氰化钾中毒
应急处理

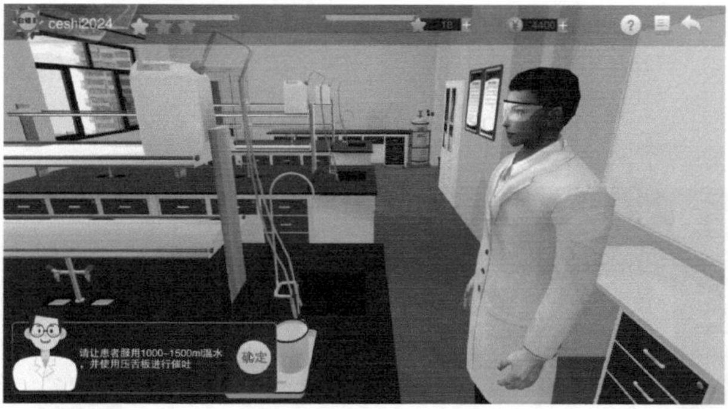

图 1-18　氰化钾中毒后应急处理

（5）实验结束，显示实验成绩，点击实验结束，退出实验界面。

10. 实验室垃圾分类

（1）在实验项目界面上选择实验室垃圾分类实验。

垃圾分类

(2) 点击提示，显示垃圾所属类别。

(3) 拖拽物品至相应垃圾筒内，完成垃圾分类(图 1-19)。

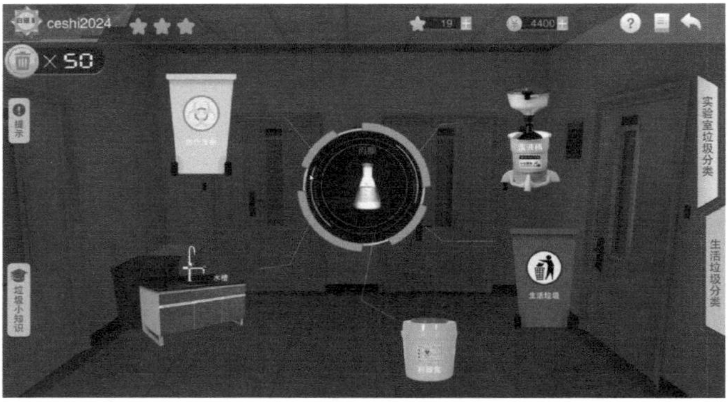

图 1-19 垃圾分类

(4) 点击垃圾小知识，进行实验室垃圾分类相关知识学习(图 1-20)。

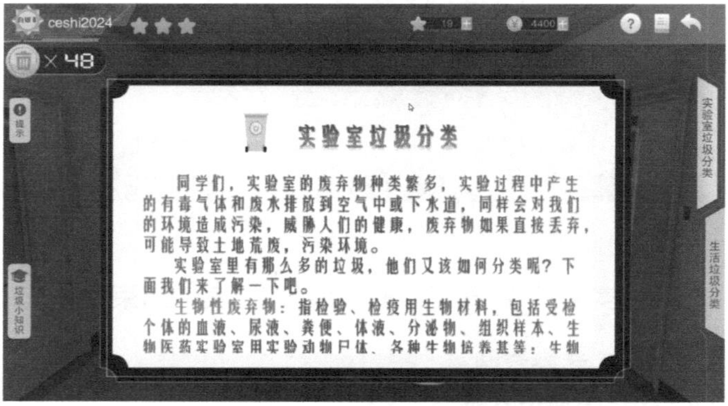

图 1-20 垃圾分类知识

(5) 实验结束，显示实验成绩，点击实验结束，退出实验界面。

四、考核点

1. 实验前准备

（1）男性错误装扮

1）眼镜、项链、背心、短裤、拖鞋。（10 分）

2）耳钉、短裤、手表。（10 分）

3）项链、背心、拖鞋。（10 分）

（2）女性错误装扮

1）长发、美瞳、裙子、高跟鞋。（10 分）

2）太阳镜、手镯、高跟鞋。（10 分）

3）美瞳、长发、项链、手表、裙子、高跟鞋。（10 分）

（3）带入实验室的物品

中性笔、实验报告纸、实验指导书、实验报告册。（40 分）

2. 实验室安全灭火

（1）易燃物质着火

1）选取实验室中的物品进行灭火。（10 分）

2）选择酒精灯的熄灭方式。（10 分）

（2）电器着火

1）选择实验室中合适的灭火器进行灭火。（10 分）

2）电器着火可选用哪种方式进行灭火？（20 分）

（3）强酸性物质着火

选择不能用于强酸性物质着火的灭火器。（20 分）

(4) 强氧化性物质着火

碱金属过氧化物引起火灾，用什么方式灭火？(10 分)

(5) 低温性物质着火

大量金属粉末引起火灾时，用哪种方式灭火最好？(10 分)

(6) 自燃性物质着火

三乙基铝着火，不能使用的灭火方式是哪种？(10 分)

3. 火灾逃生

(1) 进入实验室前，防护装备穿戴。(40 分)

(2) 应该采取什么逃生姿势？(15 分)

(3) 是否寻找重要财物？(15 分)

(4) 选用哪种路线逃生？(10 分)

(5) 有人摔倒了，要不要扶起来？(10 分)

(6) 逃生到楼梯处的时候，应沿何处走？(10 分)

4. 钢瓶的使用

(1) 选择符合规范的钢瓶。(每项 16 分)

(2) 输入总压阀压力值。(20 分)

5. 高压蒸汽灭菌锅的安全使用

(1) 旋转玻璃瓶盖。(20 分)

(2) 选择不能使用高压蒸汽灭菌锅进行消毒的物品。(20 分)

(3) 高压蒸汽灭菌锅温度设置。(20 分)

(4) 高压蒸汽灭菌锅时间设置。(20 分)

(5) 消毒完毕,选择可以打开锅盖的高压蒸汽灭菌锅状态。(20 分)

6. 生物安全柜的使用

(1) 实验前选择合适的防护装备。(25 分)

(2) 抬起生物安全柜玻璃挡板至安全位置。(25 分)

(3) 选择合适的物品,对生物安全柜内的物品进行消毒。(25 分)

(4) 选择合适的仪器对生物安全柜内的实验物品进行灭菌处理。(25 分)

7. 腐蚀性试剂的应急处理

(1) 皮肤灼伤

1) 强酸灼伤皮肤后,需使用清水冲洗多长时间? (20 分)

2) 强酸灼伤皮肤后,应选择哪种溶剂进行冲洗(多选)? (20 分)

3) 强碱灼伤皮肤后,应选择哪种溶剂进行冲洗(多选)? (20 分)

(2) 溅入眼睛

强酸溅入眼睛,大量清水冲洗眼睛后,应再使用哪种溶剂进行眼睛冲洗? (20 分)

(3) 呼吸道吸入

要进入毒气泄漏的实验室,选择合适的防护装备(多选)。(20 分)

8. 有机物中毒的应急处理

(1) 甲醇中毒

1) 甲醇的致命剂量是多少毫升? (5 分)

2) 服用多少剂量的甲醇会造成失明? (5 分)

3) 在催吐洗胃术中,每次宜口服多少剂量的洗胃液? (10 分)

4) 吞服碳酸氢钠的目的是什么? (10 分)

5) 口服乙醇溶液的目的是什么? (10 分)

(2) 酚类化合物中毒

1) 酚类化合物的致命剂量是多少克? (10 分)

2) 选择合适的解毒剂。(10 分)

3) 选择合适的溶剂除去皮肤上沾染的酚类物质。(10 分)

(3) 有机磷中毒

1) 有机磷的致命剂量是多少克? (10 分)

2) 选择合适的催吐剂。(10 分)

3) 若眼睛受到有机磷溶剂的污染,选择合适的处理方法。(10 分)

9. 无机物中毒的应急处理

(1) 氨气中毒

1) 氨气对人体哪些部位有极强的刺激? (10 分)

2）使用氧气袋进行吸氧。(10 分)

3）氨气进入眼睛，大量清水冲洗眼睛后，应使用哪种溶剂进行眼睛冲洗？（10 分）

(2) 卤素气中毒

1）卤素对大气是否具有危害？（10 分）

2）吸入氯气后，应使用哪种溶剂进行处理？（10 分）

3）若患者吸入的是溴气，应使用哪种溶剂进行处理？（10 分）

(3) 氰化钾中毒

1）氰化钾的致命剂量为多少克？（10 分）

2）温水催吐。(10 分)

3）高锰酸钾溶液催吐。(10 分)

4）氰化钾中毒，选择合适的解毒剂。(10 分)

实验 2

标准化量取虚拟仿真实验

一、实验预习

1. 实验目的

掌握标准化量取操作规范，掌握液体的量取、固体药品及危险药品的称量规范。

2. 实验原理

在化学实验中经常用到液体的量取、转移，固体的称量等操作，需要使用烧杯、量筒、移液管、移液枪、托盘天平、分析天平等仪器。

实验室标准化操作规定了实验仪器的正确使用方法、试剂的精确配制和取用步骤等。按照标准操作，能够使每次实验条件尽可能相同，减少系统误差和随机误差，确保实验结果能真实地反映实验对象的性质和变化规律，从而保证了实验结果的准确性和可靠性。

3. 仪器和药品

（1）仪器

烧杯、量筒、胶头滴管、锥形瓶、洗耳球、移液管、移液枪、托盘天平、分析天平。

(2) 药品

供试品。

4. 实验内容

(1) 液体的量取

学习烧杯、量筒、移液管、移液枪的使用方法，在实验中使用烧杯、量筒、移液管、移液枪分别进行液体的量取。

(2) 固体药品的称量

分别使用托盘天平、分析天平进行称量，学习托盘天平、分析天平的使用方法及称量操作。

(3) 危险药品的称量

学习危险药品分类、危险药品的量取方法；进行实验前防护准备工作，在通风橱内使用量筒量取20 mL危险药品。

二、预习考核

单选(共计5个小题，每题20分)

1. 不能在量筒里配制溶液的原因是(　　)。

A. 量筒容积太小，不适宜进行反应

B. 不能对量筒加热，所以不宜配制溶液

C. 不能在量筒里进行化学反应，以免对量筒产生伤害

D. 反应可能放热

2. 有关移液管说法正确的是(　　)。

A. 一般不必吹出残留液

B. 用蒸馏水淋洗后即可移液

C. 用后洗净,加热烘干后使用

D. 移液管只能粗略地量取液体体积

3. 常用的分析天平精度为(　　)。

A. 1 mg　　B. 0.1 mg

C. 0.01 mg　　D. 10 mg

4. 使用托盘天平时,(　　)

A. 砝码放在右盘,物品放在左盘

B. 砝码放在左盘,物品放在右盘

C. 砝码放在右盘,物品也放在右盘

D. 砝码放在左盘,物品也放在左盘

5. 危险化学品包括(　　)。

A. 爆炸品

B. 压缩气体和液化气体

C. 有毒品和腐蚀品

D. 易燃液体、易燃固体、自燃物品

三、操作步骤

1. 实验前准备

(1) 按照提示点击打开更衣柜,选择衣服,完成防护服的穿戴。

(2) 按照提示点击打开抽屉,依次点击手套、口罩、护目镜，完成穿戴，后点击关闭抽屉（图 2–1）。

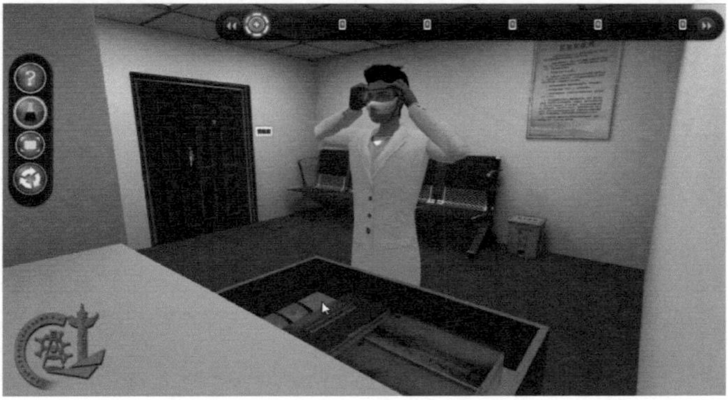

图 2–1　实验前防护设备的穿戴

（3）防护设备穿戴完全后，点击实验室大门，进入实验室。

2. 开始实验

（1）实验内容说明

进入实验后，有三个模块的内容可以进行学习，分别为“液体的量取”“固体药品的称量”“危险药品的称量”。

（2）液体的量取

1）点击“液体的量取”进入液体量取标准操作仪器选择界面，有四个模块可以选择学习，分为“烧杯”“量筒”“移液管”“移液枪”（图 2–2）。

液体的量取

2）点击“烧杯”进行烧杯量取的学习（图 2–3）。回答相应试题。

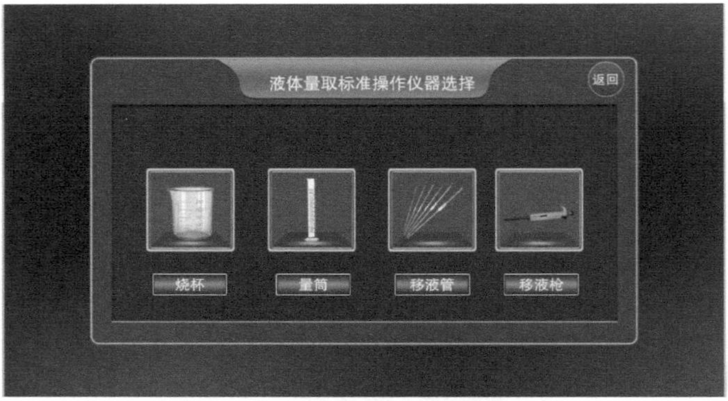

图 2-2　液体量取标准操作仪器选择界面

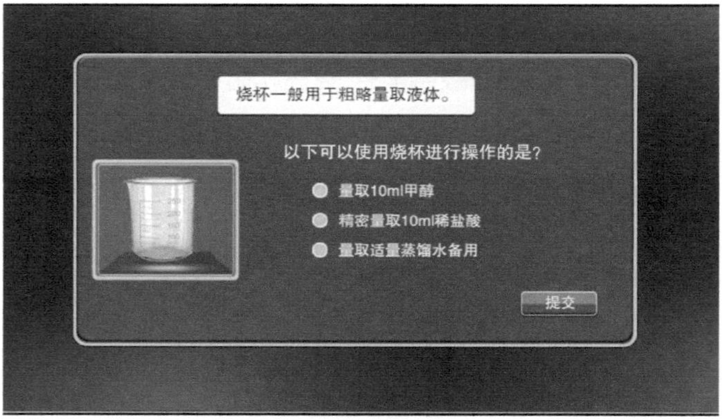

图 2-3　烧杯量取试题

3) 点击“量筒”进入量筒量取学习界面(图 2-4)。

4) 点击“量筒使用方法”,进入实验操作界面,量筒中溶液的凹液面与 20 mL 刻度线相切时停止加液(图 2-5)。

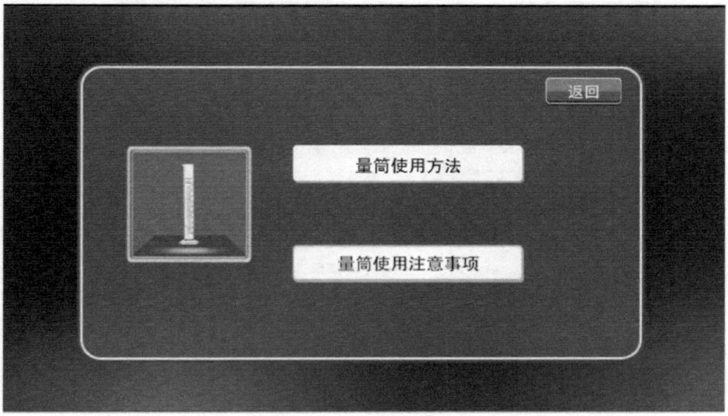

图 2-4　量筒量取学习界面

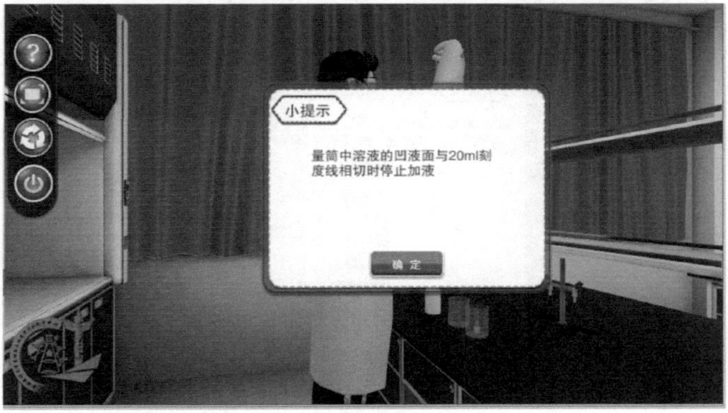

图 2-5　操作提示

5) 点击“量筒使用注意事项”，进行试题作答。

6) 点击“移液管”进入移液管量取学习界面（图 2-6）。

7) 点击“移液管使用方法”，检查移液管的刻度线位置、量程和准确度等级（图 2-7）。使用前，按要求润洗 3 次。

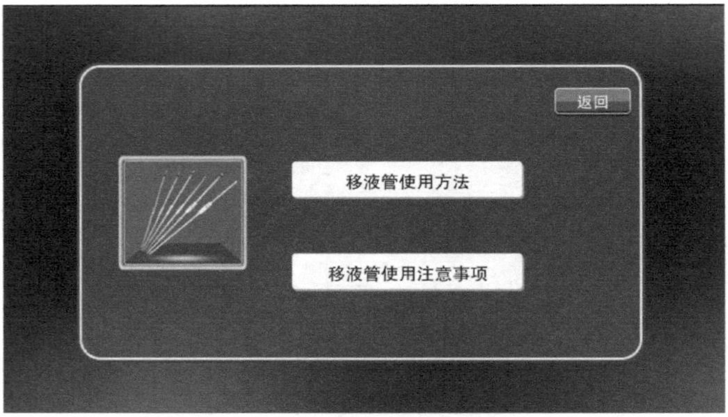

图 2-6　移液管量取学习界面

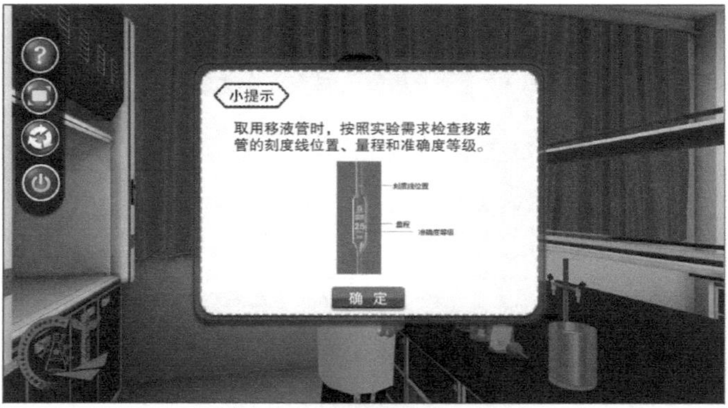

图 2-7　操作提示

8) 吸取 10 mL 供试品溶液，液面达到移液管刻度线以上 5 mm 处，确保溶液凹液面最低点与刻度相切。

9) 用滤纸将沾在外壁的液体擦掉，然后将移液管中的液体放入 100 mL 烧杯中。

10) 点击“移液管使用注意事项”，阅读注意事项，阅读完成点击“确定”。

11）点击“移液枪”进入移液枪称量学习界面（图 2-8）。

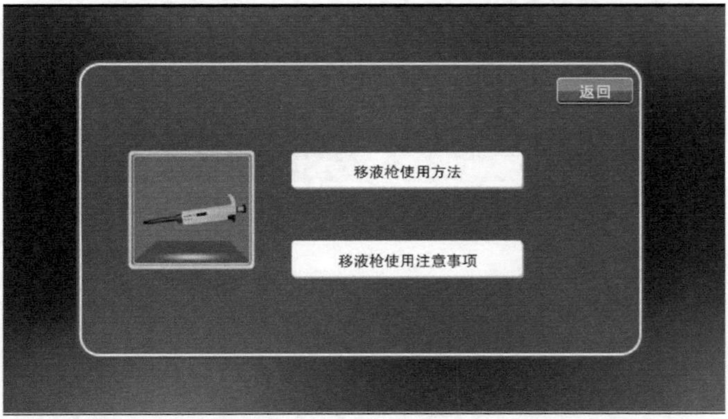

图 2-8　移液枪称量学习

12）点击“移液枪使用方法”选项进入操作实验画面，使用前先检查移液枪是否需要校准。

13）将吸取的供试品转移到 EP 管中（图 2-9），将使用过的枪头放到废弃物盒中。

14）点击“移液枪使用注意事项”，阅读注意事项，阅读完成点击“确定”。

（3）固体药品的称量

1）点击“固体的称量”进入固体药品称量标准操作仪器选择界面，可选择“托盘天平”“分析天平”两个选项进行学习（图 2-10）。

固体药品的称量

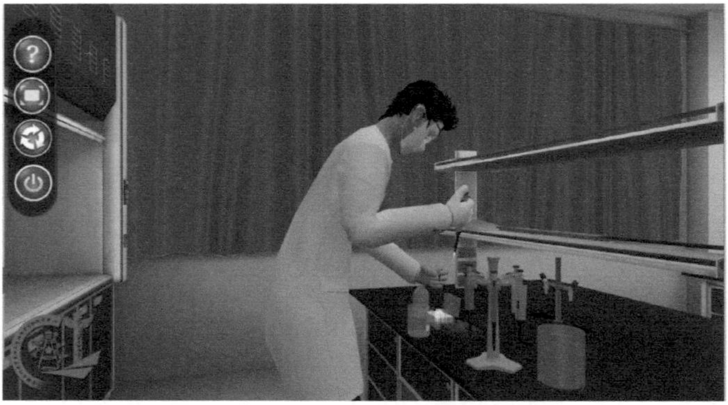

图 2-9　使用移液枪转移供试品

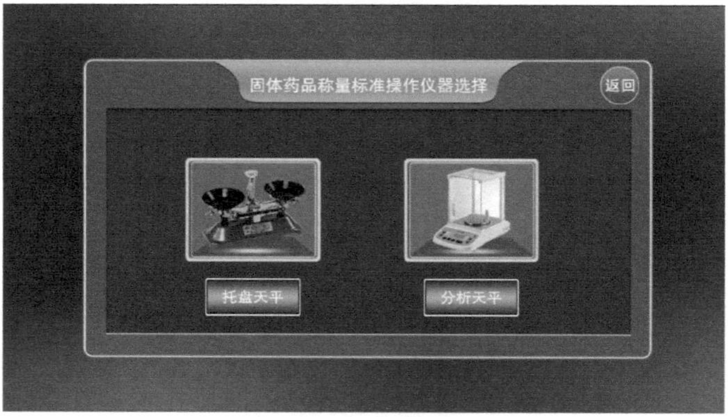

图 2-10　固体药品称量标准操作仪器选择界面

2）点击“托盘天平”进行托盘天平称量的学习（图 2-11）。

3）点击“托盘天平使用方法”，学习托盘天平的使用方法。

4）点击“托盘天平称量操作”进入操作界面，称取 53.1 g 供试品固体。

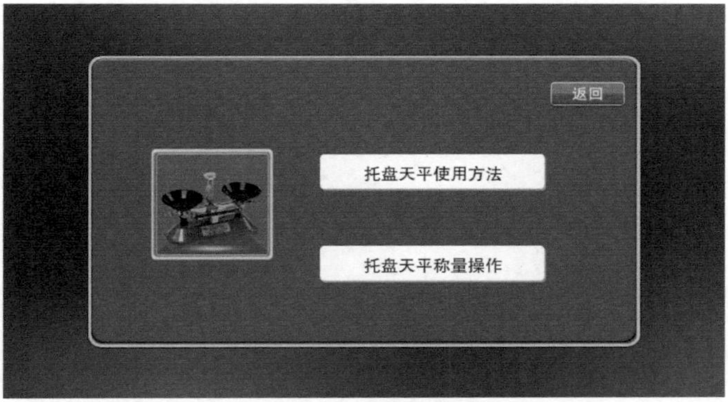

图 2-11　托盘天平称量的学习

5) 点击“分析天平”进行分析天平称量的学习。

6) 点击“分析天平使用方法”查看分析天平的使用方法。

7) 点击“分析天平称量操作”，进入操作界面，称取 10.00 g 供试品固体（图 2-12）。

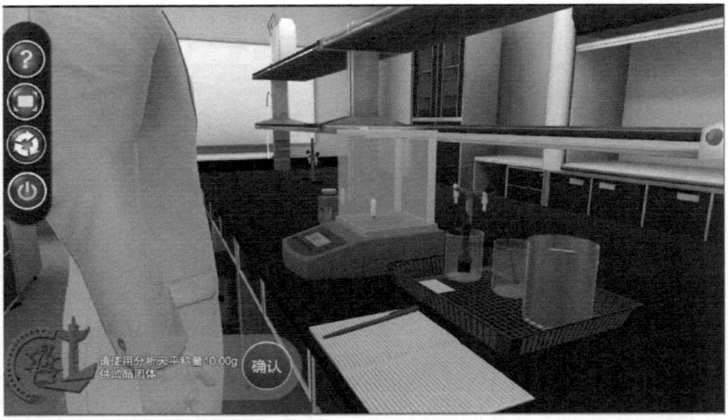

图 2-12　分析天平称量操作

8) 称量药品的分析天平读数为 10.000 0 时，关上天平门，记录实验数据。

9）量取完成后，对分析天平进行清扫后，关闭天平门（图 2-13）。

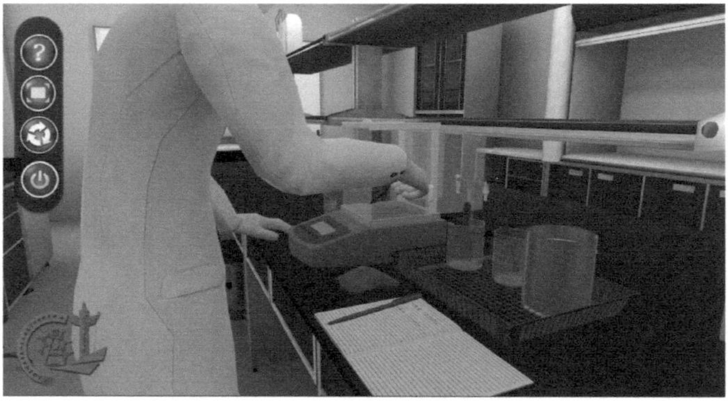

图 2-13　清扫分析天平

危险药品的称量

（4）危险药品的称量

1）点击“危险药品的称量”进行危险药品称量的学习（图 2-14）。

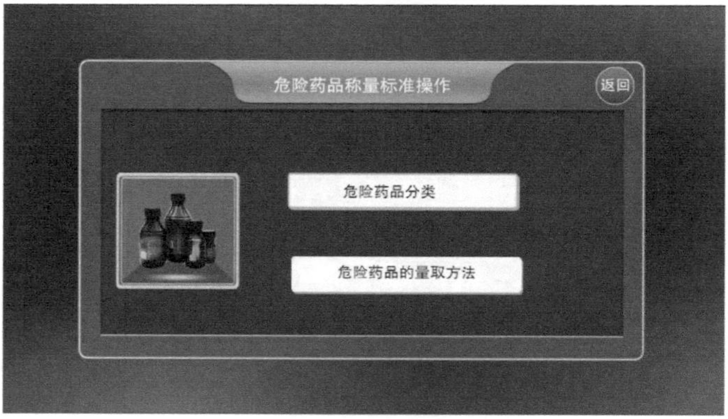

图 2-14　危险药品称量的学习

2) 点击“危险药品分类”，进行药品分类的学习。

3) 然后点击“危险药品的称量方法”进入操作界面，进行实验前的防护准备工作的学习。

4) 在更衣室中进行防护准备工作，完成防护设备的穿戴，包括实验服、手套、口罩和护目镜等。

5) 完成穿戴，点击实验室门，进入实验室。

6) 用量筒量取 20 mL 危险药品。

7) 点击通风橱开关，抬起通风橱玻璃挡板（图 2-15）。

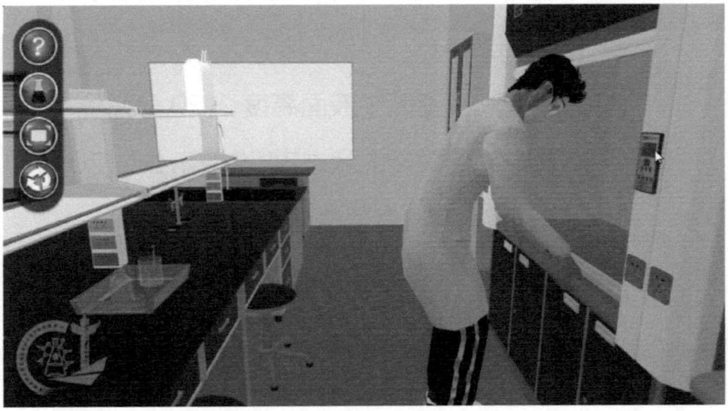

图 2-15　抬起通风橱玻璃挡板

8) 将实验用具从实验台上放入通风橱中（图 2-16）。

9) 用量筒量取危险药品。

10) 实验完成。

图 2-16　将实验用具放在通风橱中

四、考核点

1. 使用烧杯进行操作，量取适量蒸馏水备用。(20 分)
2. 平视观察量筒中液面高度。(20 分)
3. 在天平门关闭的状态下，读取示数。(20 分)
4. 天平使用完，需要清洁天平。(20 分)
5. 操作危险品的时候，在通风橱进行实验。(20 分)

实验 3

酒精灯的标准化操作虚拟仿真实验

一、实验预习

1. 实验目的

掌握酒精灯的标准化操作技术。

2. 实验原理

酒精灯是以酒精为燃料的加热工具，广泛用于实验室、工厂、医疗场所等。由于其燃烧过程中不会产生烟雾，也可以通过对器械的灼烧达到灭菌的目的。酒精灯加热温度可达到 400~1 000℃。燃烧过程中产生的热量，可以对其他实验材料加热，安全可靠。

3. 仪器和药品

(1) 仪器

升降台、双顶丝、蒸发皿、圆底烧瓶、燃烧匙、加热套、烧杯、酒精灯、试管等。

(2) 药品

对苯二甲酸二甲酯溶液。

4. 实验内容

（1）酒精灯检查

打开通风橱，检查酒精灯瓶身是否有裂纹，并对有裂纹的酒精灯进行回收并记录。

（2）向酒精灯中增加酒精

按照实验要求检查酒精灯的酒精量，若酒精量达不到酒精灯容量的 1/3~2/3，向酒精灯中增加酒精；对酒精灯灯芯进行检查，若灯芯烧毁严重，用剪刀修剪酒精灯灯芯。

（3）酒精灯实验操作

预热保温漏斗，点燃酒精灯将加热并脱完色的对苯二甲酸二甲酯溶液趁热过滤。若由于操作不慎，引起着火，用湿毛巾进行灭火，用灭火毯进行进一步的灭火处理。根据是否可用酒精灯直接或间接加热，对常用玻璃仪器进行分类。

二、预习考核

单选（共计 5 个小题，每题 20 分）

1. 酒精灯灯帽的用途是（　　）

A. 熄灭酒精灯　　B. 防止酒精挥发

C. 隔绝空气　　D. 以上全部

2. 使用酒精灯要注意安全，以下有关酒精灯的使用方法正确的是（　　）。

A. 用燃着的酒精灯点燃另一盏酒精灯

B. 酒精灯中酒精全部用完后再加酒精

C. 酒精灯熄灭时用嘴吹灭灯焰

D. 酒精灯不用时盖好灯帽

3. 酒精灯的组成包括(　　)。

A. 灯身　　　　B. 灯芯管

C. 灯帽　　　　D. 以上全部

4. 酒精灯火焰温度最高的是(　　)。

A. 外焰

B. 内焰

C. 焰心

5. 不能用嘴吹灭酒精灯的原因是(　　)。

A. 用嘴吹灭的时候,向灯壶内吹入了空气

B. 酒精易挥发,挥发后的酒精和空气的混合气体可以燃烧和爆炸

C. 以上全部

三、操作步骤

1. 实验前准备

(1) 按照提示点击打开更衣柜,选择衣服,完成防护服的穿戴。

(2) 按照提示点击打开抽屉,依次点击手套、口罩、护目镜,完成穿戴(图 3-1),后点击关闭抽屉。

图 3-1　实验前防护设备的穿戴

(3) 防护设备穿戴完全后，点击实验室大门，进入实验室。

2. 开始实验

(1) 认知实验室仪器与药品

在仪器介绍中认知学习(图 3-2)，浏览完毕后，点击认知完成，开始实验。

图 3-2　仪器认知

(2) 酒精灯检查实验

1) 打开通风橱，检查酒精灯瓶身是否有裂纹（图3-3）。

2) 对有裂纹的酒精灯进行回收并记录。

3) 按照实验要求检查酒精灯的酒精量，若酒精量达不到酒精灯容量的 1/3~2/3，向酒精灯中添加酒精（图 3-4）。

酒精灯检查

添加酒精

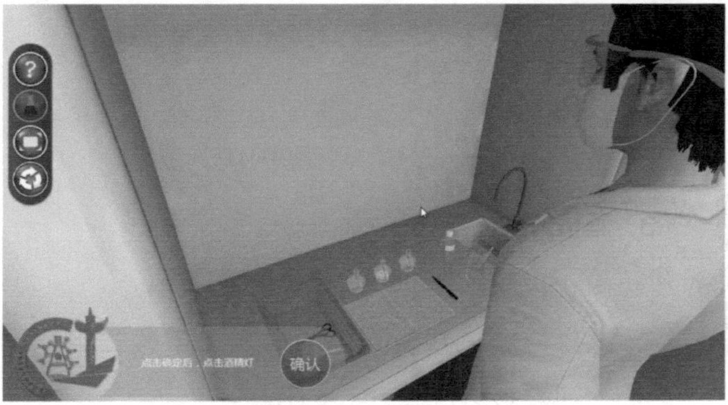

图 3-3　检查酒精灯瓶身是否有裂纹

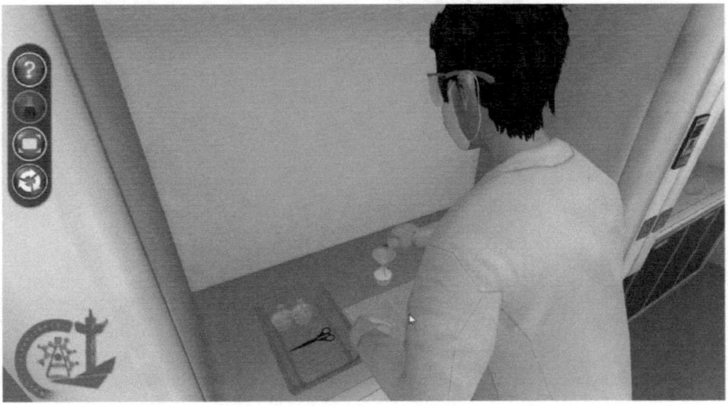

图 3-4　向酒精灯中添加酒精

4) 对酒精灯灯芯进行检查，经检查灯芯烧毁严重，用剪刀修剪酒精灯灯芯(图 3-5)。

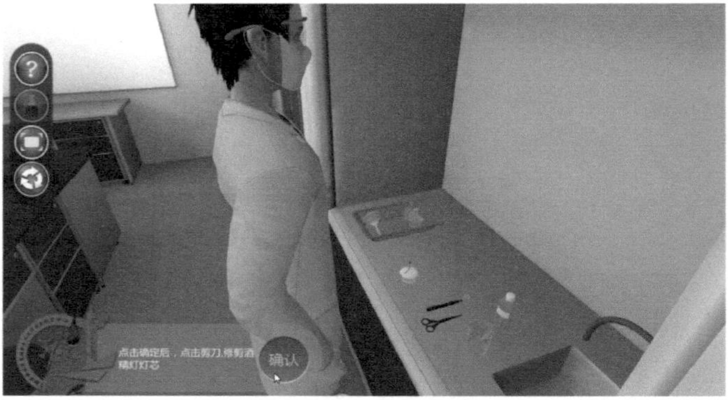

图 3-5　用剪刀修剪酒精灯灯芯

实验操作

3. 酒精灯实验操作

(1) 打开酒精灯灯帽，预热保温漏斗。

(2) 将加热并脱完色的对苯二甲酸二甲酯溶液趁热过滤(图 3-6)。

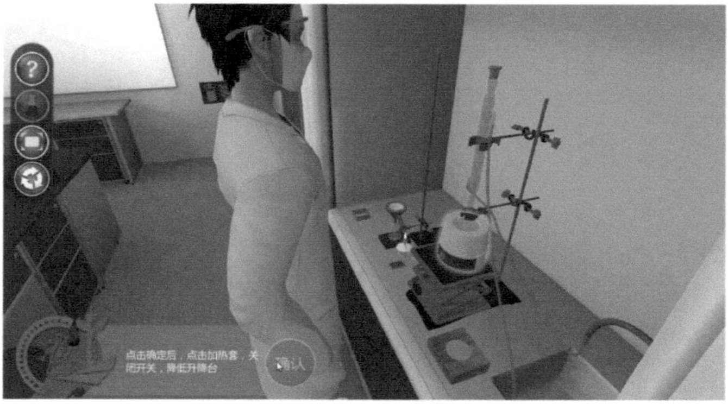

图 3-6　趁热过滤

(3) 由于操作不慎，引起着火，用湿毛巾进行灭火（图 3-7）。

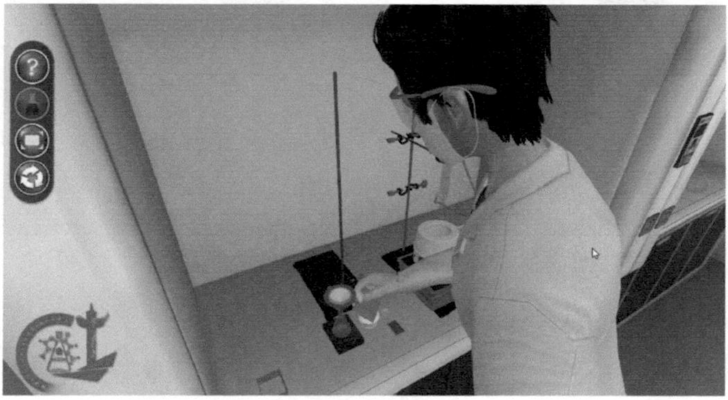

图 3-7　用湿毛巾进行灭火

(4) 用灭火毯进行进一步的灭火处理（图 3-8）。

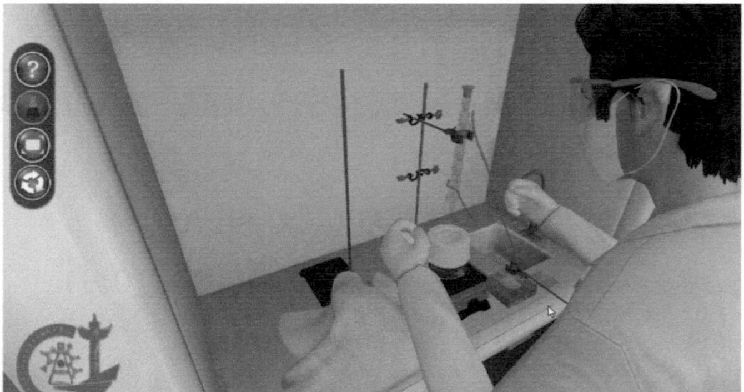

图 3-8　用灭火毯进行进一步的灭火处理

(5) 根据是否可用酒精灯直接或间接加热，将相应的玻璃仪器放到正确的实验篮筐中（图 3-9）。

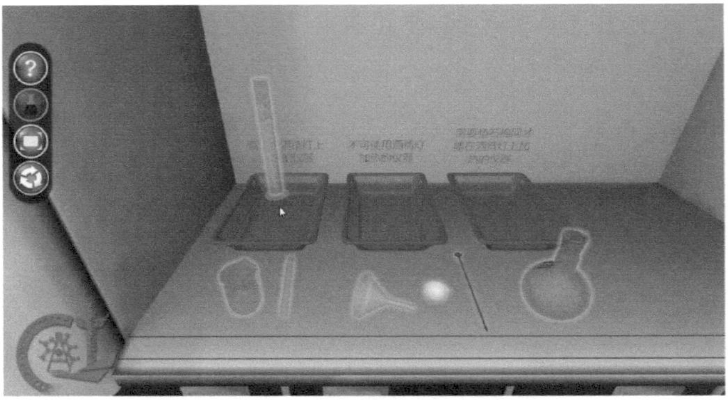

图 3-9　将相应的仪器放到正确的实验篮筐中

（6）实验结束。

四、考核点

1. 选择无裂纹的酒精灯。（10 分）
2. 酒精灯内酒精含量合格。（10 分）
3. 添加酒精的方式：拿开灯帽—拿起瓷灯芯塞并倾斜—短颈漏斗—倒入酒精—放正瓷灯芯塞。（20 分）
4. 酒精灯灯芯不可以点燃使用。（10 分）
5. 选择灯芯触底有盈余的酒精灯。（10 分）
6. 使用火柴点燃酒精灯。（10 分）
7. 使用灭火毯对实验室中的物品进行灭火。（20 分）
8. 实验室完成，用灯帽熄灭酒精灯。（10 分）

实验 4

分液漏斗的标准化操作虚拟仿真实验

一、实验预习

1. 实验目的

掌握分液漏斗的标准化操作技术。

2. 实验原理

分液漏斗是一种玻璃实验仪器，包括斗体和盖在斗体上口的玻璃塞。斗体的下口安装一个三通结构的旋塞，旋塞的两通分别与两下管连接。当需要分离的液体量大时，只需扳动活塞的三通便可将斗体内的两种液体同时流至下管，无须更换容器便可一次完成。

3. 仪器和药品

（1）仪器

分液漏斗、铁架台、铁夹、双顶丝、铁圈、烧杯、锥形瓶。

（2）药品

贮存乙醚、2% KI 溶液、硫酸亚铁溶液。

4. 实验内容

（1）分液漏斗检查

使用前玻璃旋塞应涂薄层凡士林，但不可涂太多，以免阻塞流液孔。使用时，左手虎口顶住漏斗球，用拇指和食指转动旋塞控制加液。此时玻璃旋塞的小槽要与漏斗口侧面小孔对齐相通，以便加液顺利进行。

分液漏斗检查

（2）分液漏斗的使用

使用时要将分液漏斗放置于铁架台上的铁圈上，关紧下方旋塞，使用时左手轻轻握住漏斗。将混合的液体倒入漏斗中，液体会呈现分层，下层的液体从下口流出，上层的液体从上口倒出，右手食指和拇指一起慢慢转动旋塞。

分液漏斗的使用

二、预习考核

单选（共计 5 个小题，每题 20 分）

1. 分液漏斗分液的方法是（　　）。

A. 下流上倒

B. 全部从漏斗颈流出

C. 全部从漏斗口倒出

2. 分液漏斗作加液器时，（　　）。

A. 漏斗下端可以浸入液面下

B. 漏斗下端不可以浸入液面下

3. 可以使用分液漏斗分离的一组混合物是（　　）。

A. 溴和四氯化碳

B. 苯和溴苯

C. 硝基苯和水

D. 汽油和苯

4. 以下说法正确的是(　　)。

A. 使用前玻璃旋塞应涂薄层凡士林,但不可涂太多

B. 分液漏斗可用来直接加热

C. 使用前无须检查分液漏斗是否漏水

D. 振荡分液漏斗时,旋塞的小槽应与漏斗口侧面小孔错位封闭塞紧

5. 适合用分液漏斗分离的一组混合物是(　　)。

A. 乙酸和乙醇

B. 水和氯化钠

C. 水和花生油

D. 四氯化碳和碘

三、操作步骤

1. 实验前准备

(1) 按照提示点击打开更衣柜,选择衣服,完成防护服的穿戴。

(2) 按照提示点击打开抽屉,依次点击手套、口罩、护目镜,完成穿戴(图 4-1),后点击关闭抽屉。

图 4-1　实验前防护设备的穿戴

（3）防护设备穿戴完全后，点击实验室大门，进入实验室。

2. 开始实验

（1）认知实验室仪器与药品

在仪器介绍中认知学习，浏览完毕后，点击认知完成，开始实验。

（2）分液漏斗操作

1）点击开关，开启通风橱。

2）从仪器栏中选择铁架台摆放在桌面上，后选择铁圈与铁架组装。

3）点击烧杯，摆放在铁架台上。

4）点击已检查过不漏水的合格的分液漏斗，使其安装在铁圈上。

5）点击分液漏斗上方玻璃塞，取下玻璃塞，再点击玻璃漏斗 1，安装漏斗。

6）点击 A 瓶乙醚，向分液漏斗中加入乙醚，后点击玻璃塞，盖好玻璃塞。

7）点击量筒，加入已经量好的 10mL 硫酸亚铁溶液。

8）点击取下玻璃漏斗，点击盖上分液漏斗玻璃塞。

9）点击分液漏斗，振荡分液漏斗使溶液充分混合，其间打开阀门减小容器内压力，防止容器压力过大导致溶液外泄（图 4-2）。

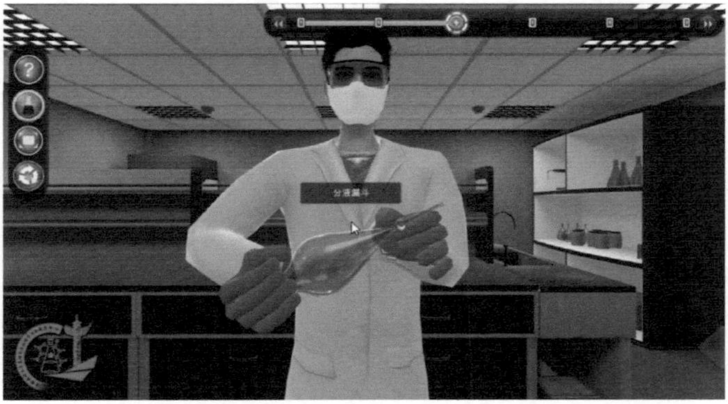

图 4-2 振荡分液漏斗后的放气操作

10）点击旋转分液漏斗玻璃塞到放气口位置。

11）点击打开分液漏斗旋塞，让下层液体从下面流到烧杯中。

12）点击取下分液漏斗玻璃塞。

13）点击取下 B 瓶乙醚瓶盖，点击玻璃漏斗 2，使其装在 B 瓶乙醚上。

14）点击分液漏斗，将溶液加入B瓶乙醚中。

15）点击取下玻璃漏斗，点击玻璃塞，盖好玻璃塞。

四、考核点

1. 在使用分液漏斗混合溶液时应振摇后点击放气旋塞放气。（25分）
2. 点击玻璃漏斗1，安装漏斗。（25分）
3. 旋转分液漏斗玻璃塞到放气口位置。（25分）
4. 打开分液漏斗旋塞，让下层液体从下面流到烧杯中。（25分）

实验 5

滴定管标准化操作虚拟仿真实验

一、实验预习

1. 实验目的

掌握滴定管标准化操作技术。

2. 实验原理

滴定管是滴定分析法所用的主要量器，可分为两种：一种是酸式滴定管，另一种是碱式滴定管。酸式滴定管的下端有玻璃旋塞，可装入酸性或氧化性滴定液，不能装入碱性滴定液，因为碱性滴定液可使旋塞与旋塞套黏合，难以转动。碱式滴定管用来盛放碱性溶液，它的下端连接一橡胶管，橡胶管内放有玻璃珠以控制溶液流出，橡胶管下端再接有一尖嘴玻璃管。凡是能与橡胶管起反应的溶液，如高锰酸钾水溶液、碘水等溶液，都不能装入碱式滴定管中。

3. 仪器和药品

（1）仪器

滴定管、洗瓶、锥形瓶、滴定管架、漏斗。

（2）药品

甲基红、高氯酸标准溶液、蒸馏水。

4. 实验内容

（1）检查滴定管及清洗

检查滴定管是否破损，是否漏水。如使用酸式滴定管，还要检查玻璃旋塞旋转是否灵活。滴定管在使用前必须洗净。

检查滴定管及清洗

（2）滴定管的使用

装入标准溶液之前先将试剂瓶中的标准溶液摇匀。装入标准溶液时，先把旋塞完全关好，然后左手三指拿住滴定管上部无刻度处，滴定管可以稍微倾斜以便接收溶液，右手拿住试剂瓶向滴定管中倾倒溶液。小瓶可以手握瓶肚（瓶签向手心）拿起慢慢倒入，大瓶可以放在桌上，手拿瓶颈使瓶倾斜，让溶液慢慢倾入滴定管中，直到溶液达到零刻度线之上为止。

（3）滴定管实验操作

使用酸式滴定管滴定时，左手控制旋塞，大拇指在前，食指和中指在后，手指略微弯曲，轻轻向内扣住旋塞，注意手心不要顶住旋塞，以免将旋塞顶出，造成漏液。右手持锥形瓶，使瓶底向同一方向做圆周运动。

二、预习考核

单选（共计 5 个小题，每题 20 分）

1. 滴定管读数操作正确的是（　　）。

A. 在滴定管架上读数

B. 取下滴定管，两手捏住液面上方，并使其自然下垂，读数

2. 酸式滴定管只能盛放酸性溶液。(　　)

A. 正确

B. 错误

3. 滴定停止时，尖嘴外的液滴应(　　)。

A. 靠在锥形瓶外壁

B. 靠在锥形瓶内壁

4. 使用 NaOH 溶液滴定酸溶液时，(　　)。

A. 只能选用酚酞作指示剂

B. 可用酚酞也可用甲基红作指示剂

5. 标准溶液指的是(　　)。

A. 已知准确浓度的溶液

B. 已知准确体积的溶液

C. 已知准确质量的溶液

D. 使用标准物质配制的溶液

三、操作步骤

1. 认知实验室仪器与药品

在仪器介绍中认知学习，浏览完毕后，点击认知完成，开始实验。

2. 滴定前准备

(1) 摆放铁架台，然后在铁架台上摆放烧杯。

(2) 摆放滴定管夹。

(3) 加清水至最高标线。

(4) 使用滤纸片擦拭边缘(图 5-1)。

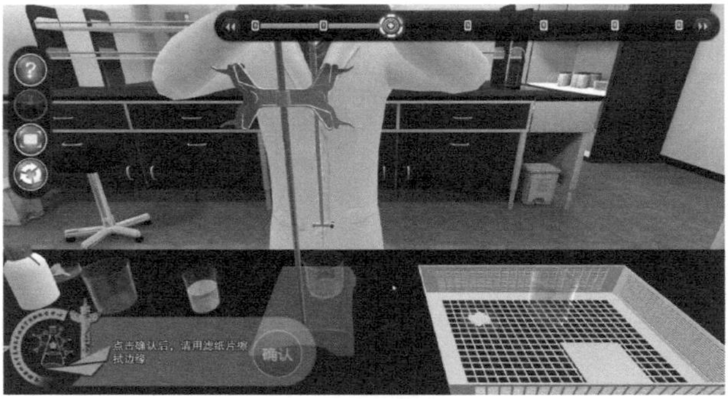

图 5-1　使用滤纸片擦拭边缘

(5) 请夹在滴定管夹上放置 2 min。

(6) 使用滤纸检查旋塞两端和管口尖端是否有水渗出(图 5-2)。

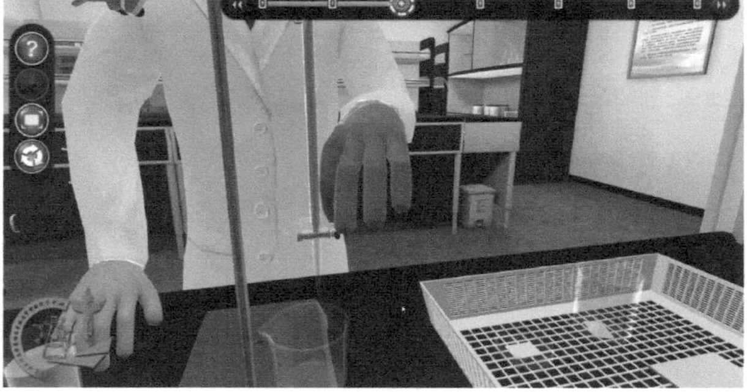

图 5-2　检查旋塞两端和管口尖端是否有水渗出

（7）使用洗瓶内的清水清洗滴定管。

（8）向滴定管内倒入蒸馏水，进行第一次蒸馏水润洗。

（9）向滴定管内倒入蒸馏水，进行第二次蒸馏水润洗。

（10）向滴定管内倒入蒸馏水，进行第三次蒸馏水润洗。

3. 滴定

（1）在滴定管上放置小漏斗。

（2）向滴定管中加入 5~10 mL 高氯酸标准溶液，进行第一次润洗。

（3）向滴定管中加入 5~10 mL 高氯酸标准溶液，进行第二次润洗。

（4）加入配好的溶液至溶液达到零刻度线之上（图 5-3）。

实验操作

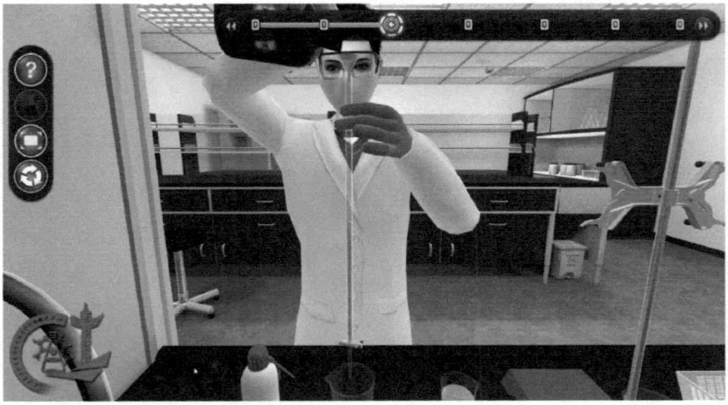

图 5-3　加入配好的溶液

(5) 打开旋塞排出气泡，调整液面至 0.00 mL。

(6) 将锥形瓶放在滴定管下，准备滴定。

(7) 边滴定边摇匀，溶液由紫色变成纯蓝色后，结束滴定。

滴定及读数

四、考核点

1. 加清水至最高标线。(20 分)
2. 使用滤纸检查旋塞两端和管口尖端是否有水渗出。(20 分)
3. 向滴定管中加入 5~10 mL 高氯酸标准溶液，进行第一次润洗。(20 分)
4. 打开旋塞排出气泡。(20 分)
5. 溶液由紫色变成纯蓝色后，结束滴定。(20 分)

实验 6

鼓风干燥机标准化操作虚拟仿真实验

一、实验预习

1. 实验目的

掌握鼓风干燥机的标准化操作方法。

2. 实验原理

鼓风干燥机是一种利用热能降低物料水分的机械设备，用于对物品进行干燥操作，通过循环风机吹出热风，保证箱内温度平衡。

3. 仪器

鼓风干燥机、篮筐、烧杯、锥形瓶。

4. 实验内容

（1）打开鼓风干燥机

打开鼓风干燥机电源开关，打开鼓风干燥机门。

（2）放入待干燥物品

将实验台上篮筐里的烧杯、锥形瓶倒放在干燥机的架子上。

（3）使用鼓风干燥机干燥物品

打开鼓风干燥机温度开关，干燥完成后将鼓风干燥机门打开，使门虚掩，降温后取出干燥后的物品，先关闭鼓风干燥机温度开关，再关闭电源开关。

二、预习考核

单选（共计 5 个小题，每题 20 分）

1. 实验物品需放置在鼓风干燥机实验箱的（　　）。

A. 顶层

B. 中间层

C. 底层

2. 鼓风干燥机使用前的准备工作有（　　）。

A. 目视检查控制面板各功能键是否正常，有无损坏现象

B. 查看电源开关接线是否有松脱、短路，电源线是否有破损或露铜现象

C. 检查电机运转是否正常

D. 以上全部

3. 以下物品不可以放入鼓风干燥机实验箱的是（　　）。

A. 过氧化钠

B. 烧杯

C. 锥形瓶

D. 真空压力罐

4. 以下说法正确的是 （　　）。

A. 鼓风干燥机周围不可堆放易燃易爆物品或其他物品

B. 实验物品不能超过鼓风干燥机实验箱面积的1/3

C. 实验物品不可放置在出 / 入风口处

D. 设备运行中，若有剧烈的撞击声、噪声等不正常声音，应立即停止设备

5. 停机后，正确的操作方法为（　　）。

A. 立即切断电源，取出物品。

B. 实验完毕后按“停止按钮”停止设备加热，取出物品

C. 立即切断电源，鼓风干燥机实验箱内温度降低到常温后取出物品

D. 实验完毕后按“停止按钮”停止设备加热，打开箱门让鼓风系统继续工作，直到鼓风干燥机实验箱内温度降低到常温后切断电源，取出物品

三、操作步骤

1. 实验前准备

（1）按照提示点击打开更衣柜，选择衣服，完成防护服的穿戴。

（2）按照提示点击打开抽屉，依次点击手套、口罩、护目镜，完成穿戴，后点击关闭抽屉。

打开鼓风干燥机

（3）防护设备穿戴完全后，点击实验室大门，进入实验室。

2. 开始实验

（1）按照实验要求依次打开鼓风干燥机开关（图6-1）。

图6-1　打开鼓风干燥机电源开关

（2）打开鼓风干燥机门（图6-2）。

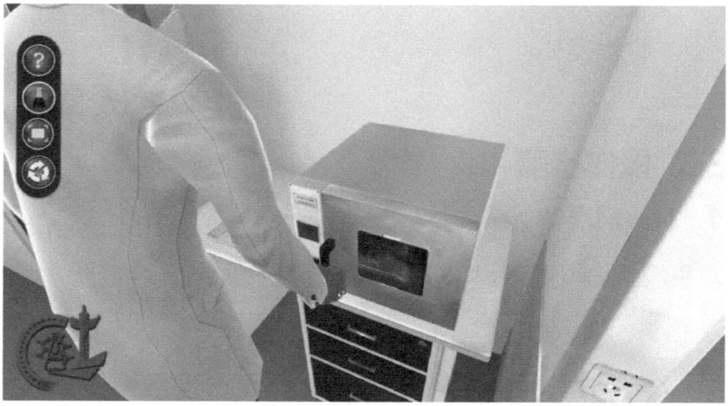

图6-2　打开鼓风干燥机门

(3) 将需要干燥的仪器放入鼓风干燥机中(图6-3)。

放入待干燥物品

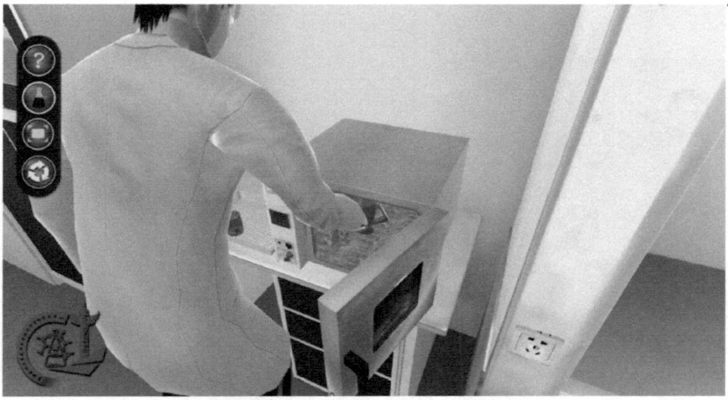

图 6-3　放入需要干燥的仪器

干燥物品

(4) 关闭鼓风干燥机门。

(5) 打开鼓风干燥机温度开关。

(6) 等待升温至 110℃(图 6-4)。

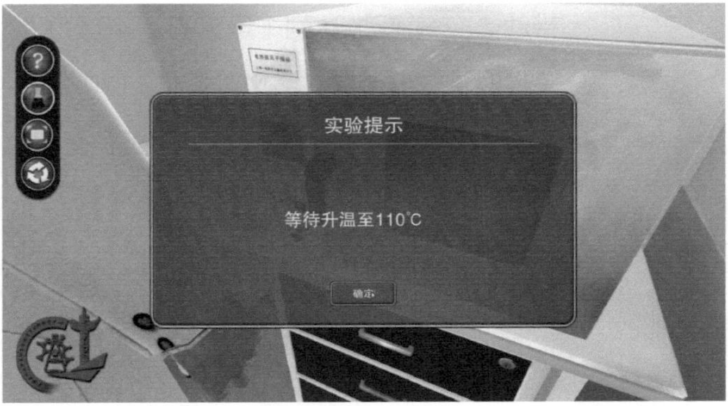

图 6-4　等待升温至 110℃

(7) 将鼓风干燥机门打开,使门虚掩。

(8) 等待温度降至 25℃。

(9) 将干燥后的仪器取出，关闭鼓风干燥机电源（图 6-5），实验结束。

图 6-5 关闭鼓风干燥机电源

四、考核点

1. 鼓风干燥机的工作原理是利用箱体鼓风循环带动热空气流动，达到干燥目的。（40 分）
2. 干燥时将仪器倒放入鼓风干燥机。（30 分）
3. 仪器烘干完成，打开鼓风干燥机门，使门虚掩，等待降到室温，取出仪器。（30 分）